Los números del cuerpo

Robyn O'Sullivan

Contenido

Introducción

Si les pidieran que usaran números para describir su cuerpo, ¿qué dirían? Podrían decir que tienen dos ojos. Podrían decir que tienen diez dedos. Estos son sólo dos ejemplos de cómo podrían usar números para describir su cuerpo. ¡Vamos a descubrir otros números que lo cuentan todo sobre ustedes!

206 huesos

¿Sabían que los bebés tienen más huesos que los adultos? Los bebés recién nacidos tienen 300 huesos en el cuerpo; sin embargo, los adultos sólo tienen 206. ¿Cómo puede ser? A medida que los bebés crecen, algunos de sus huesos se unen. Por eso los adultos tienen menos huesos.

Imaginen que su cuerpo no tuviera huesos. ¡No podrían mantenerse en pie! Eso se debe a que sus huesos forman un armazón llamado **esqueleto.** El esqueleto le da forma al cuerpo.

Todos los huesos del cuerpo forman el esqueleto.

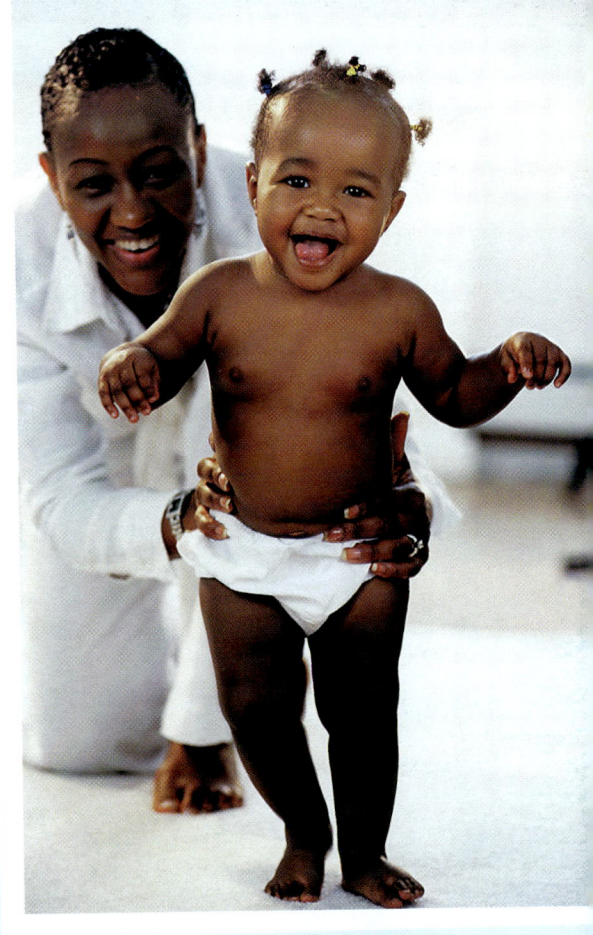

Calcúlenlo

¿Cuántos huesos más que un adulto tiene un bebé?

Número de huesos de un bebé	300
Número de huesos de un adulto	− 206
	94

Un bebé tiene **94** huesos más que un adulto.

Algunos huesos protegen partes del cuerpo. Pásense los dedos por los lados del pecho. ¿Sienten las costillas? Las costillas son como una jaula de huesos en el pecho. Nos protegen el corazón y los pulmones.

Otros huesos trabajan con los músculos para que podamos movernos. Los de las piernas y los pies nos ayudan a levantarnos y a caminar. Los de las manos y los dedos nos permiten agarrar cosas.

Cuando nos atamos los cordones, usamos los huesos de las manos.

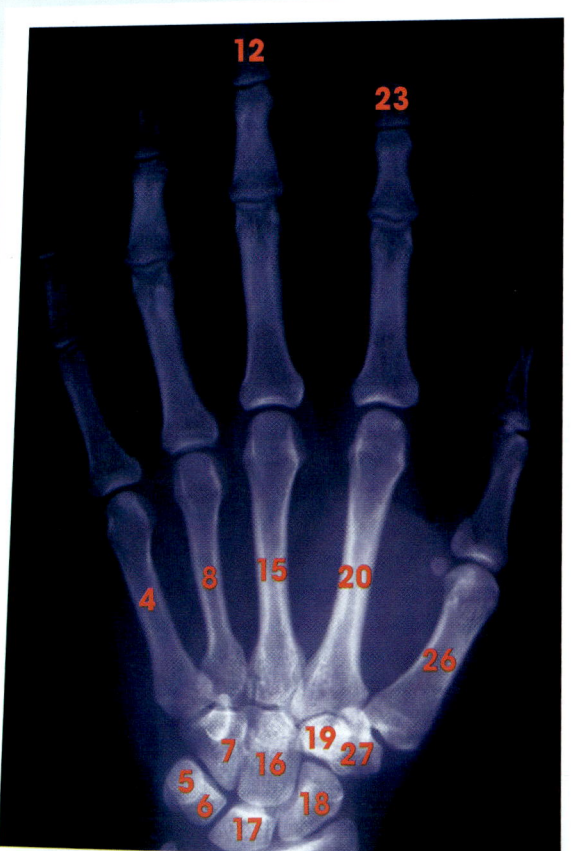

Una radiografía muestra los 27

Calcúlenlo

Una mano humana tiene 27 huesos. ¿Cuántos huesos hay en dos manos?

Número de huesos en una mano	27
Número de huesos en la otra mano	+ 27
	54

En dos manos hay **54** huesos.

32 dientes

¿Qué haríamos sin dientes? Usamos los dientes para morder y masticar la comida. Los dientes también nos ayudan a hablar con claridad. Nos permiten formar muchos de los sonidos que usamos al hablar.

La mayoría de los adultos tienen 32 dientes. Pero eso no es así durante toda su vida. Al nacer, un bebé tiene 20 dientes dentro de las encías. Cuando el bebe tiene unos seis meses, los dientes comienzan a abrirse paso entre las encías. Cuando tiene unos seis años de edad, un niño pierde esos dientes de bebé. En su lugar, le saldrán dientes de adulto.

Los dientes nos ayudan a partir la comida en bocados.

La mayoría de las personas pierden los dientes de delante a los seis o siete años de edad.

Calcúlenlo

¿Cuántos dientes más que los niños tienen los adultos?

Número de dientes de un adulto	32
Número de dientes de un niño	− 20
	12

Los adultos tienen **12** dientes más que los niños.

660 músculos

En el cuerpo humano hay unos 660 músculos.
Distintas clases de músculos hacen cosas diferentes.
Los músculos de los brazos y de las piernas nos
ayudan a agarrar cosas y a caminar. Son músculos
que podemos controlar.

Otros músculos trabajan solos. El corazón es un
músculo que ayuda a bombear sangre por todo el
cuerpo. Esto sucede sin que nos demos cuenta.

Usamos los músculos en la clase de gimnasia.

Cuando fruncimos el ceño usamos más músculos que cuando sonreímos.

Calcúlenlo

Cuando fruncimos el ceño usamos 40 músculos. Sin embargo, sólo usamos 20 al sonreír. ¿Cuántos músculos más usamos cuando fruncimos el ceño?

Número de músculos al fruncir el ceño	40
Número de músculos al sonreír	− 20
	20

Al fruncir el ceño usamos **20** músculos más.

100,000 pelos

¿Cuántos pelos tenemos en la cabeza? ¿Más de 1,000? Sí. ¿Más de 10,000? ¡Sí! La mayoría de las personas tienen unos 100,000 pelos en la cabeza. El pelo ayuda a conservar el calor de la cabeza. También contribuye a proteger la piel de la cabeza del sol.

Nos tomaría mucho tiempo contarnos cada pelo.

Cada mes, un pelo crece, aproximadamente, media pulgada. El pelo sale de **folículos,** o pequeños tubos en la piel. Cuando un pelo termina de crecer, se cae. Entonces un nuevo pelo sale del folículo.

pelo

piel

folículo piloso

Cada pelo sale de un folículo que está bajo la piel.

Calcúlenlo

Si un pelo crece 6 pulgadas en un año, ¿cuántas pulgadas crecerá en dos años?

Número de pulgadas que crece un pelo en un año	6
Número de pulgadas que crece un pelo el segundo año	+ 6
	12

En dos años, un pelo crece unas **12** pulgadas.

1,800 respiraciones

Cuando respiramos, tomamos **oxígeno** del aire. Para funcionar, nuestro cuerpo necesita oxígeno. Los niños respiran unas 30 veces por minuto en reposo, o sentados sin moverse. ¡Eso significa que en una hora respiran unas 1,800 veces!

Cuando hacemos ejercicio, respiramos más rápido. Cuando corremos o nadamos podemos llegar a respirar unas 60 veces por minuto. Respiramos más rápido porque nuestro cuerpo necesita más oxígeno

Podemos hacer burbujas con el aire que expulsamos.

Cuando estamos activos, respiramos más rápido.

Calcúlenlo

Aproximadamente, ¿cuántas veces respiran los niños en una hora? Usen una calculadora para **multiplicar** y averiguarlo.

Número de respiraciones en un minuto	30
Número de minutos en una hora	x 60
	1,800

En una hora, los niños respiran unas **1,800** veces.

100,800 latidos

¿Por qué nos late el corazón? El corazón late para bombear sangre a todo el cuerpo. Late unas 70 veces por minuto. ¡Eso equivale a unos 4,200 latidos por hora, o 100,800 latidos en un día! La sangre circula por unos tubos llamados **vasos sanguíneos.**

No podemos ver la sangre que recorre nuestro cuerpo. Sin embargo, podemos sentir nuestro corazón latiendo en el pecho. También podemos sentir el palpitar de la sangre en algunos vasos sanguíneos. Ése es nuestro **pulso.** Podemos sentirnos el pulso con facilidad en el cuello y las muñecas.

Podemos tomarnos el pulso usando dos dedos.

Los médicos usan un instrumento especial para oír los latidos del corazón.

1,500 parpadeos

La mayoría de la gente parpadea unas 25 veces cada minuto. ¡Eso equivale a unos 1,500 parpadeos por hora! Cada vez que parpadeamos, los párpados superiores sueltan lágrimas. Al parpadear, los párpados esparcen las lágrimas por todo el ojo. Las lágrimas arrastran los **gérmenes** y la suciedad de los ojos. También evitan que nuestros ojos se sequen.

Nuestros ojos no están abiertos todo el tiempo. Si lo estuvieran, se secarían.

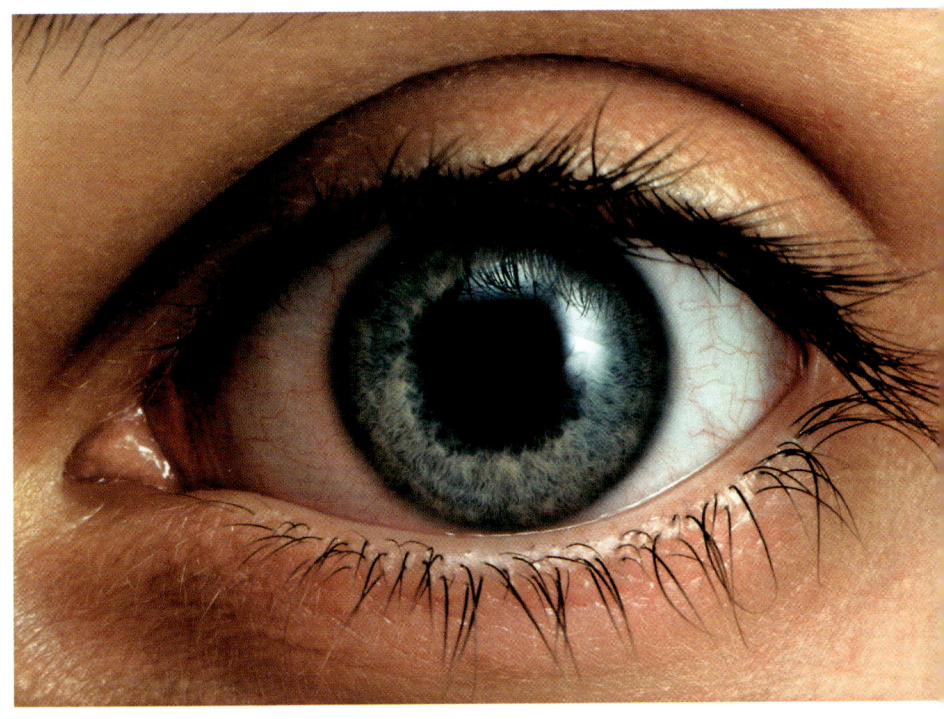

La mayoría de la gente parpadea una vez cada dos segundos.

Calcúlenlo

¿Cuántas veces parpadea una persona en una hora? Usen una calculadora para **multiplicar** y averiguarlo.

Número de parpadeos en un minuto	25
Número de minutos en una hora	x 60
	1,500

En una hora, parpadeamos unas **1,500** veces.

A medida

Los números pueden indicarnos muchas cosas sobre nuestro cuerpo. ¿Se les ocurren dos partes del cuerpo que podrían tener la misma longitud? Usen una cinta métrica para averiguarlo.

Mídanse el antebrazo desde el interior del codo hasta la muñeca.

Primero, midan la longitud de su antebrazo desde el interior del codo hasta la muñeca. Después, mídanse la longitud de un pie. ¿Es su pie más largo, menos largo o de la misma longitud que su antebrazo?

Mídanse un pie desde la parte posterior del talón hasta la punta del dedo gordo.

Además de medir su cuerpo, pueden medir muchas cosas que su cuerpo puede hacer. ¿A qué distancia pueden saltar? ¿Hasta qué altura se pueden estirar? ¿Qué otras cosas del cuerpo humano se pueden contar o medir?

Glosario

esqueleto   conjunto de todos los huesos del cuerpo

folículo   pequeño tubo dentro de la piel de dónde sale el pelo

germen   ser vivo diminuto que puede causar enfermedades

oxígeno   gas que forma parte del aire que respiramos

pulso   latido de la sangre por los vasos sanguíneos

vaso sanguíneo   tubo por donde circula la sangre dentro del cuerpo

índice